Garfield

D1394603

ALBUM GARFIELD #23

PRESSES AVENTURE

Publié par **Presses Aventure,** une division de
Les Publications Modus Vivendi inc.
55, rue Jean-Talon Ouest, 2e étage
Montréal (Québec)
Canada
H2R 2W8

Design de la couverture : Catherine Houle
Infographie : Scanacom

Dépôt légal – Bibliothèque et Archives nationales du Québec, 2006
Dépôt légal – Bibliothèque et Archives Canada, 2006

ISBN-10 2-89543-543-X
ISBN-13 978-2-89543-543-3

Nous reconnaissons le soutien financier du gouvernement du Canada
par l'entremise du Programme d'aide au développement de l'industrie
de l'édition (PADIÉ) pour nos activités d'édition.

Gouvernement du Québec – Programme de crédit d'impôt
pour l'édition de livres – Gestion SODEC

HÉ, GARFIELD, DEBOUT, LA NOUVELLE ANNÉE EST À NOS PORTES!

SUPER! RÉVEILLE-MOI L'AN PROCHAIN

JIM DAVIS 12-31

ALLEZ, J'AI UNE FÊTE CE SOIR ET JE VEUX QUE TU Y SOIS

© 1984 PAWS, INC. All Rights Reserved.

SI T'INSISTES

TOUTE UNE FÊTE DU NOUVEL AN HIER SOIR, HEIN GARFIELD?

QUELQU'UN A NOTÉ LE NUMÉRO D'IMMATRICULATION DE LA FÊTE QUI M'A ÉPUISÉ?

JIM DAVIS 1-1-85

VAS-TU TE LEVER AUJOURD'HUI?

PAS QUESTION. JE ME SUIS LEVÉ HIER ET VOIS CE QUI M'EST ARRIVÉ!

© 1985 PAWS, INC. All Rights Reserved.

PAS TRÈS BIEN DANS TA PEAU HEIN?

FAUDRAIT DEUX MOI POUR ME SENTIR PLUS MAL

ÇA NE ME DÉRANGE PAS DE FAIRE LES COURSES

NI DE PORTER LES SACS D'ÉPICERIE

© 1985 PAWS, INC. All Rights Reserved.

JIM DAVIS 1-2-85

C'EST LA RÉCEPTION QUE JE REDOUTE

3

EH BIEN, LES VACANCES SONT TERMINÉES ET LA BONNE VIEILLE TAILLE A EXPLORÉ DE NOUVEAUX HORIZONS

— PAT
— PAT

1-7-85   JIM DAVIS

C'EST LE TEMPS DE PROCLAMER UNE AUTRE **SEMAINE NATIONALE DES GROS.** ON DEVRAIT PLAISANTER SUR LES MAIGRES ET S'ÉPANOUIR DANS NOTRE OBÉSITÉ.

JE **TE** PARLE, LE BOUDIN

NOUS, LES OBÈSES, JOUISSONS PLUS DE LA VIE. NOUS MANGEONS GRAS. NOUS BUVONS GRAS. NOUS RIONS GRAS

JIM DAVIS   1-8-85

HA! HA! HA!

EST-CE QUE ÇA VA GARFIELD?

TU NE COMPRENDRAIS PAS MON PAUV' MAIGRE

ÊTRE MAIGRE N'EST PAS TOUJOURS JOJO

JIM DAVIS 1-9-85

ÇA DOIT ÊTRE TERRIBLE DE PORTER DES ATTACHES POUR TENIR VOS BAS

J'AI CONNU UN GARS TELLEMENT MAIGRE, IL DEVAIT SAUTER SUR LE PÈSE-PERSONNE DEUX FOIS DE SUITE POUR SE PESER!

GLOU!

C'ÉTAIT MA DERNIÈRE TASSE DE CAFÉ!

J'EN AI RENVERSÉ UN PEU. TU PEUX TOUJOURS SUCER MON CHANDAIL

1-14

QU'EST-CE QUE TU REGARDES GARFIELD?

SAIS PAS

QUEL EST LE RÔLE PRINCIPAL?

SAIS PAS

1-15

C'EST QUOI L'INTRIGUE?

HÉ! JE REGARDE LA TÉLÉ! NE ME DEMANDE PAS DE PENSER OK!

SLAP GLOUP
MMM BURP
ERP
GARFIELD

OH OUACH!
GARFIELD

DÉGUEULASSE, IL Y A UN CHEVEU HUMAIN DANS MA NOURRITURE POUR CHAT!
GARFIELD

ATTRAPE LA POMME ODIE

JE DIS À ODIE D'ATTRAPER LA POMME, IL REVIENT AVEC UNE TARTE. JE CROIS QUE JE SUIS SUR UNE PISTE LÀ

ATTRAPE LE STEAK ODIE, MON GARS

JIM DAVIS 1-27

GARFIELD

JE SUIS À COURT DE NOURRITURE EN CONSERVES POUR CHAT

TU SAIS SANS DOUTE QUOI FAIRE AVEC CE TRUC SEC

JIM DAVIS   2-17

CERTAINEMENT

WOOOOOH!

TU APPRÉCIES TA NOURRITURE SÈCHE GARFIELD?

IL FAUT M'EN SERVIR PLUS SOUVENT

HÉ, GARFIELD, QUE DIRAIS-TU DE POMMES DE TERRE POUR DÎNER?

HUM, IL Y A UNE ÉTERNITÉ QUE JE N'AI PAS CUISINÉ DES POMMES DE TERRE

TU M'EN DIRAS TANT

ON JOUE AU DOCTE-RAT GARFIELD

QUELLE EST LA SEULE SUBSTANCE AU MONDE PLUS DURE QU'UN DIAMANT?

TON RESTE DE PIZZA

JE VIENS TOUT JUSTE DE FAIRE L'INVENTAIRE DE TON RÉFRIGÉRATEUR

89 BOUTEILLES DE SAUCE À SALADE, TOUTES À 2 CM DU FOND. 14 BOUTEILLES DE KETCHUP À MOITIÉ VIDES. 39 BOUTEILLES DE COLA ÉVENTÉ ET 62 ENVELOPPES DE PAIN ÉVENTRÉES

ORGANISE-TOI! SMACK!

EEEEK!

JIM DAVIS 2-28

NETTOIE VITE TON RÉFRIGÉRATEUR, JON!

© 1985 PAWS, INC. All Rights Reserved.

LA VIANDE MYSTÈRE A RAMPÉ HORS DE L'EMBALLAGE ET S'EST APPROCHÉE DE MOI AVEC UN AIR HARGNEUX!

TOC TOC

QUI EST LÀ?

JIM DAVIS 3-1

EUH... SUCRE D'ORGE?

TU NE M'AURAS PAS VIANDE MYSTÈRE. TU VEUX SORTIR POUR ASSOUVIR TA VENGEANCE.

© 1985 PAWS, INC. All Rights Reserved.

AUJOURD'HUI LE FRIGO, DEMAIN LE MONDE!

JIM DAVIS 3-2

JE ME DEMANDE SI JE DEVRAIS NETTOYER LE FRIGO

© 1985 PAWS, INC. All Rights Reserved.

LE BACON A MANGÉ LA LAITUE ET IL SE DEMANDE S'IL FAUT NETTOYER LE FRIGO

GARFIELD,

TU T'ES ASSIS SUR MES ŒUFS BROUILLÉS!

ILS SONT CHAUDS

OK, OK, TIENS... BON APPÉTIT

NON, VAS-Y, ASSIEDS-TOI DESSUS. ILS SONT FOUTUS MAINTENANT

FOUTUS?!

JUSTE PARCE QUE JE ME SUIS ASSIS DESSUS. C'EST PAS COMME SI TES STUPIDES ŒUFS BROUILLÉS ÉTAIENT DÉCÉDÉS TU SAIS!

UNNNNGR!

MANGE-LES! MANGE-LES!

HUBERT, LE CHAT NOURRIT JON!

FAIS TES VALISES BERTHA! CETTE FOIS-CI ON DÉMÉNAGE POUR DE BON!

JIM DAVIS 3-3

SOYONS HONNÊTES, LIZ

JE SUIS UN HOMME, VOUS ÊTES UNE FEMME, VOUS PIGEZ?

ET ÇA C'EST LA PORTE, VOUS PIGEZ?

VA FALLOIR LUI FAIRE UN DESSIN, DOC

TROUVEZ-VOUS QUE CES VERRES FUMÉS ME RENDENT PLUS MYSTÉRIEUX?

VOUS N'EN AVEZ PAS BESOIN

HÉ, BEAUTÉ, VOUS FINISSEZ DE TRAVAILLER À QUELLE HEURE?

VOUS FAITES DES AVANCES À MA PATÈRE

IL POURRAIT ÊTRE PLUS CHANCEUX CETTE FOIS

AU CAS OÙ VOUS SONGERIEZ À M'INVITER À SORTIR, DOC, OUBLIEZ ÇA. J'AI D'AUTRES PLANS.

JE SORS AVEC UNE FILLE TRÈS JOLIE ET TRÈS BRILLANTE ET NOUS RIONS BEACOUP

DIS DONC...

OH, OH, OH, EST-CE QUE JE DÉTECTE UNE POINTE DE JALOUSIE DANS VOTRE VOIX?

CETTE FOIS, JE SUIS TOMBÉE DANS LE PANNEAU

C'EST LE JOUR DE TON EXAMEN DE ROUTINE, GARFIELD

JE PASSERAI CET EXAMEN QUAND LE VET PASSERA LA SORTIE

3-4

ON DOIT S'ASSURER QUE T'ES EN BONNE SANTÉ

D'ACCORD

SON SEUL SOUCI, C'EST LA BONNE SANTÉ DE SES GLANDES

BONJOUR M. ARBUCKLE

COMMENT AVEZ-VOUS SU QUE C'ÉTAIT MOI, JE N'AVAIS PAS ENCORE PASSÉ LA PORTE

VOTRE EAU DE COLOGNE VOUS TRAHIT

3-5

OH, VOUS VOULEZ DIRE MON «ODE AU BÛCHERON»

BINGO

SI ON SE DONNAIT RENDEZ-VOUS DOC?

OH, FAISONS PLUTÔT COMME SI C'ÉTAIT DÉJÀ PASSÉ

C'EST MIEUX QUE RIEN, JE SUPPOSE

EST-CE QU'ON PEUT DIRE QUE JE VOUS AI EMBRASSÉE

SI ON PEUT DIRE QUE JE VOUS AI GIFLÉ

GARFIELD,

TU N'ES BON À RIEN. EST-CE QUE TU LE SAIS?

TU NE FAIS RIEN DE TA VIE... ZÉRO, ZIP. LE SAIS-TU?

TAP! TAP!

© 1985 PAWS, INC. All Rights Reserved.

TU DEVRAIS APPRENDRE QUELQUE CHOSE CHAQUE JOUR. ÇA JUSTIFIERAIT CETTE EXISTENCE MONOTONE

JE VAIS À L'ÉPICERIE. À MON RETOUR, JE VEUX QUE TU AIES APPRIS QUELQUE CHOSE

JIM DAVIS   3-10

PLUS TARD

JE SUIS LÀ, GARFIELD, QU'AS-TU APPRIS DE NOUVEAU?

J'AI APPRIS À ME SERVIR DE TA CARTE DE CRÉDIT

AH AH AHHHHH! NE TOUCHEZ PAS À CE BOUTON, NOUS REVENONS DANS UN INSTANT

NOTRE NOURRITURE POUR CHAT EST NOUVELLE ET SUPÉRIEURE

NOUVELLE ET SUPÉRIEURE! NOUVELLE ET SUPÉRIEURE!

PENSEZ-Y EN PEU... TOUT CE TEMPS, J'AI MANGÉ DE LA NOURRITURE ANCIENNE ET INFÉRIEURE

ZUT! OÙ EST PASSÉ FÉLIX LE CHAT?!

CLIC CLIC CLIC

CETTE TÉLÉCOMMANDE DOIT MAL FONCTIONNER

CLIC CLIC CLIC

MAINTENANT ÇA MARCHE

VOILÀ UN JOLI ÉCHANTILLONNAGE DE MUE, ODIE

MAIS AUCUN CHIEN NE PEUT BATTRE UN CHAT POUR PERDRE SES POILS

REGARDE ÇA

J'AI GAGNÉ! J'AI GAGNÉ!

C'EST L'HEURE DU SURF !

3-18   JIM DAVIS

GARFIELD LE ROI DU SURF TIENT TOUJOURS

TU AS UN COMPORTEMENT BIZARRE CES JOURS-CI, GARFIELD

VIS DANS TON MONDE, JE VIVRAI DANS LE MIEN

GARFIELD, LA VET DIT QUE TU DOIS RESTER À LA MAISON. IL Y A UNE SOUCHE RARE DE GRIPPE HAWAÏENNE DES CHATS QUI SÉVIT EN CE MOMENT

3-19

TROP TARD, DOC

GARFIELD, LA VET DIT QUE LA GRIPPE HAWAÏENNE TE DONNERA UN APPÉTIT VORACE ET TE RENDRA APATHIQUE ET GRINCHEUX

JIM DAVIS   3·20

JE CROIS QU'ON NE SAURA JAMAIS SI TU ES MALADE OU NON

JE T'AI VU VENIR

GARFIELD

ALLEZ GARFIELD, MANGE

CLOMP!

REGARDE-TOI UN PEU, TU FAIS PEUR!

JE ME LÈVE TÔT ET JE ME FAIS BEAU POUR UN PETIT MATIN SPÉCIAL AVEC TOI

ET TOI TU ME TIENS POUR ACQUIS!

JIM DAVIS 3-31

ESSAIES-TU DE ME PASSER UN MESSAGE, GARFIELD?

JE VEUX JUSTE TE MONTRER CE QUI ARRIVE QUAND LA MAGIE DÉSERTE NOTRE RELATION

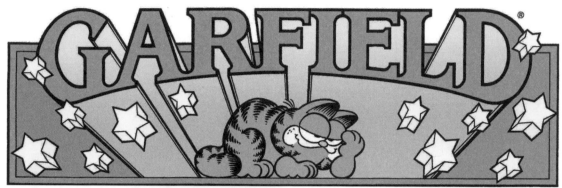

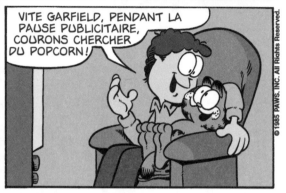
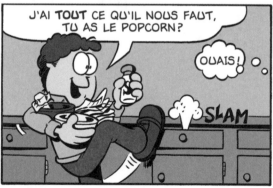

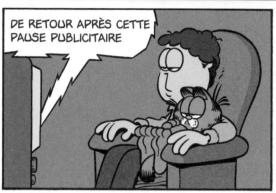
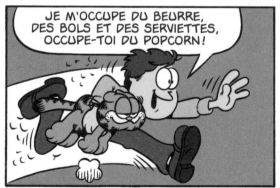

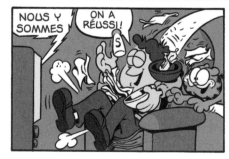
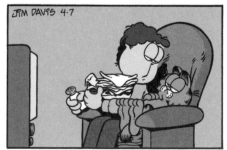
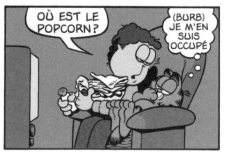

44

© 1985 PAWS. INC. All Rights Reserved.

À PEINE UNE SECONDE QUE JE SUIS RÉVEILLÉ ET MA JOURNÉE EST DÉJÀ RUINÉE

OH ÉCOUTE, JON! ILS JOUENT NOTRE CHANSON!
SHOOMP!

GARFIELD, TU MANGES COMME UN COCHON. TU DEVRAIS MASTIQUER TA NOURRITURE 25 FOIS AVANT D'AVALER

D'ACCORD, JE VAIS ESSAYER... JUSTE UN PETIT DÉTAIL...

ÇA VEUT DIRE QUOI, MASTIQUER?

JE M'ABSENTE POUR QUELQUES MINUTES GARFIELD. TU SERAS SAGE?

SLAM!

ENFIN! JON EST PARTI! À PRÉSENT JE PEUX FAIRE TOUTES LES CHOSES AMUSANTES QU'IL M'INTERDIT DE FAIRE!

JE PEUX COURIR DANS LA MAISON

JE PEUX MANGER LES FOUGÈRES ET AVALER SANS MASTIQUER

JE PEUX SAUTER SUR LE LIT

GARFIELD, JE SUIS DE RETOUR

DIEU MERCI T'ES REVENU! JE ME SUIS TELLEMENT AMUSÉ QUE J'AI CRU EN MOURIR!

JRM DAVIS 4-21

J'AI RENDEZ-VOUS AVEC MARILOU CE SOIR ET JE VAIS LA CHARMER À LUI FAIRE PERDRE LA TÊTE

JE VAIS JOUER LE GARS TRÈS «COOL». JE VAIS LUI RÉCITER DES POÈMES ET JE SERAI TRÈS MIELLEUX

ELLE VA ME FONDRE DANS LES BRAS

TA CRAVATE BAIGNE DANS TON CAFÉ

JIM DAVIS 4-25

SURPRISE, GARFIELD! JE T'AI PRÉPARÉ DES SAUCISSES EN GELÉE!

GLOUP! SLIC! MIAM! GLOUP!

JIM DAVIS 4-26

ALORS, QU'EN PENSES-TU?

MES PAPILLES ONT APPRÉCIÉ, MAIS MON ESTOMAC NE S'EST PAS ENCORE PRONONCÉ

DESCENDS DES RIDEAUX, GARFIELD

POURQUOI?

DESCENDS DES RIDEAUX OU JE TE FAIS DÉGRIFFER

PAS MOYEN DE TENIR TÊTE À LA LOGIQUE

JIM DAVIS

4-27

53

PAUVRE DE MOI! JUDY, LA COUSINE DE JON, VIENT NOUS VISITER AVEC SES DEUX PETITS SINGES, TAMMY ET STEVIE

5-6

TOUT COMPTE FAIT, JE SUPPOSE QUE CE SONT DE BONS ENFANTS

POUR LES LOUPS-GAROUS

J'AIME ME TENIR PRÈS DES BÉBÉS À L'HEURE DES REPAS. ILS LAISSENT TOMBER TOUT PLEIN DE BONNES CHOSES

5-7

IL FAUT PARFOIS LEUR DONNER UN PETIT COUP DE MAIN

5-8

MAMAN! MAMAN! MAMAN! MAMAN! MAMAN!

J'AI FAIM! J'AI FAIM! J'AI FAIM! J'AI FAIM!

J'AI DES AMIS QUI POURRAIENT RÉGLER ÇA, ON NE L'ENTENDRAIT PLUS JAMAIS

C'EST L'HEURE DE MANGER GARFIELD!

MIAM! GLOUP! SLURP! SMACK!

GLOUP! CRUNCH! GLOUP! CHOMP! SLURP!

UUUGH!

AH HAA!

JE SUIS TELLEMENT FIER DE JON. JE LUI AI TOUT APPRIS DE LA GLOUTONNERIE

RRRR

C'EST UNE DANSE TRÈS ENDIABLÉE GARFIELD. MONTRE-MOI COMMENT TU T'Y PRENDS

POUR COMMENCER, TROUVE DES CHARDONS DANS TA LITIÈRE

5-16

© 1985 PAWS, INC. All Rights Reserved.

JIM DAVIS

ON VA CHEZ LA VET, GARFIELD

JE ME DEMANDE CE QU'ELLE VA M'ENLEVER CETTE FOIS-CI

JIM DAVIS

5-17

© 1985 PAWS, INC. All Rights Reserved.

QUELS SONT TES DERNIERS MOTS?

LA CÉLÈBRE CITATION DE MON ONCLE PATRICK ME VIENT À L'ESPRIT

«JE REGRETTE DE N'AVOIR QUE NEUF VIES À DONNER POUR MON PAYS»

J'AIME CETTE PÉRIODE DE L'ANNÉE. LES PREMIERS MERLES BLEUS ARRIVENT

5-18

JIM DAVIS

ET LES PREMIÈRES MARGUERITES

DONK

© 1985 PAWS, INC. All Rights Reserved.

ET LE PREMIER RÂTEAU SUR LE MUSEAU

VIENS ICI GARFIELD, J'AI QUELQUE CHOSE À TE DIRE

AUJOURD'HUI, JE RANGE MON TIROIR DE CHAUSSETTES

UNE JOURNÉE MARQUÉE D'UNE LETTRE ROUGE!

JE VAIS METTRE LES NOIRES D'UN CÔTÉ ET LES BLANCHES DE L'AUTRE

DÉCISIONS! DÉCISIONS! DÉCISIONS!

ET SAIS-TU CE QUE JE FERAI APRÈS ÇA?

OH NON! ÉPARGNE-MOI! ÉPARGNE-MOI!

JE VAIS RESSERRER LES CHARNIÈRES DE MES LUNETTES DE LECTURE

ARRRGH!

JPM DAVIS 5-1-9

MISÈRE, QUAND CE TOURBILLON, CETTE FOLIE, CE BRANLE-BAS D'EXISTENCE VA-T-IL PRENDRE FIN?

OU PEUT-ÊTRE DONNERAI-JE UN BAIN À UN CERTAIN CHAT ARROGANT

JE M'ÉCLIPSE, TU RANGES

SAVEZ-VOUS CE QUE J'AIME DE VOTRE BISTRO IRMA? C'EST OUVERT 24 HEURES SUR 24

JE PENSE SÉRIEUSEMENT À PRENDRE UN ASSISTANT

JE NE VOIS PAS COMMENT VOUS Y ARRIVEZ IRMA

COMMENT POUVEZ-VOUS RESTER OUVERT 24 HEURES SANS AIDE?

MAINTENANT JE VOIS

PURE AFFAIRE DE VOLONTÉ

Z

VOICI VOTRE ŒUF, ZON, QUOI QUE VOUS FASSIEZ, ESSAYEZ DE NE PAS PENSER À SA PROVENANCE

TU VEUX UN ŒUF, GARFIELD?

TROP TARD, J'Y AI DÉJÀ PENSÉ

HÉ, GARFIELD, IL Y A UN ARTICLE SUR UN TYPE QUI CROYAIT QU'IL POURRAIT S'ENVOLER EN SAUTANT D'UN IMMEUBLE À ÉTAGES AVEC UNE CAPE SUR LE DOS

5-30 JIM DAVIS

ILS ONT UTILISÉ UN COUTEAU À MASTIC POUR GRATTER SES RESTES SUR LA CHAUSSÉE DE LA 5E AVENUE. J'ESPÈRE QU'IL A EU SA LEÇON

© 1985 PAWS, INC. All Rights Reserved.

YAHOO, IL N'AVAIT PAS LA FOI

BONJOUR JON

HMMP

JIM DAVIS

© 1985 PAWS, INC. All Rights Reserved.

SMACK!

BING!

J'AI UN BON «FEELING» POUR CETTE JOURNÉE, ALORS NE VIENS PAS DÉGONFLER MA BULLE, OK?

5-31

SUPER! JON EST À LA MAISON!

JIM DAVIS

QUAND M. ENTRAIN ENTRE DANS LA PIÈCE ON PEUT COUPER L'APATHIE AU COUTEAU

© 1985 PAWS, INC. All Rights Reserved.

6-1

HMMM

TOUS LES CHATS SONT CURIEUX. C'EST INNÉ. JE ME DEMANDE OÙ VA L'EAU DE PLUIE

WHOOO!

GASP!

JIM DAVIS 6-2

ALORS C'EST ICI QUE S'ÉCOULE L'EAU DE PLUIE! INTÉRESSANT!

ALORS C'EST ICI QUE S'ÉCOULE L'EAU DE VAISSELLE

FASCINANT

ALORS C'EST ICI QUE S'ÉCOULE L'EAU DU BAIN

C'EST LA DERNIÈRE FOIS QUE JE BOIS L'EAU DU CABINET DE TOILETTE

REGARDEZ-MOI LES CHAUSSETTES DE JON, PARFAITEMENT RANGÉES ET DÉMÊLÉES

OK, CHAUSSETTES, EN RANGS POUR LE DÉCOMPTE

6-9

AVANCEZ TALONS! UNE! DEUZE! TROISSE! QUATRRRE!

ÉLOIGNE-TOI DE MON TIROIR, GARFIELD, TU ME RENDS NERVEUX

JYM DAVIS
TELS QUELS

REPRENDS TES SENS, JON. IL DOIT Y AVOIR UNE EXPLICATION LOGIQUE À CELA, AUTRE QUE «L'OURSON N'EST PAS PROPRE»

6-10

RAMASSE TES AFFAIRES, GARFIELD

AFFAIRES! POOKY N'EST PAS UNE AFFAIRE! IL EST UN RÉEL, VIVANT, SENSIBLE...

EUH... OBJET INANIMÉ

6-11

LE SOLEIL EST TRÈS CHAUD AUJOURD'HUI, POOKY. UN GARS PEUT CUIRE S'IL NE FAIT PAS ATTENTION

6-12 JIM DAVIS

SAVEZ-VOUS POURQUOI J'AIME POOKY

ON DIT QU'ON NOUS A DONNÉ DEUX OREILLES ET SEULEMENT UNE BOUCHE DE SORTE QU'ON NE PEUT RÉPÉTER QUE LA MOITIÉ DE CE QU'ON ENTEND

POOKY A DEUX OREILLES ET PAS DE BOUCHE

ALORS, C'EST L'HISTOIRE QUE TU VEUX ENTENDRE POUR T'ENDORMIR?

BANGOR LE JUSTICIER S'ÉCRIA: «LE MONDE EST À NOUS!» AU MÊME MOMENT, LES OURSONS RAMPÈRENT EN-DEHORS DE LEUR COFFRE À JOUETS ET S'ARMÈRENT

C'EST UN ASPECT DES OURSONS QUE J'AURAIS PRÉFÉRÉ NE PAS CONNAÎTRE

ET ALORS VERS AVRIL DE 81, OU ÉTAIT-CE 82, MA VOIX A CHANGÉ ET JE ME SUIS MIS À CHANTER LE RÔLE DU BARYTON

DIABLE, POOKY, JE SUIS FATIGUÉE DE PARLER DE MOI...

À **TON** TOUR DE PARLER DE MOI

AU COURS DE NOTRE VIE, NOUS PASSONS PLUS DE TEMPS À DORMIR QU'À FAIRE N'IMPORTE QUOI D'AUTRE, ET NOUS NE SAVONS QUE TRÈS PEU DE CHOSES SUR LE SOMMEIL

BIENVENUE DANS LE «MERVEILLEUX MONDE DU SOMMEIL». AUJOURD'HUI, NOUS ALLONS ÉTUDIER QUELQUES-UNES DES FASCINANTES POSITIONS DU DORMEUR

ICI, JON A ADOPTÉ LA POSITION FŒTALE CLASSIQUE

ODIE DORT À PLAT SUR UN BRAS DE FAUTEUIL, ÉLÉMENTAIRE

QUAND VOUS DORMEZ AUTANT QUE JE LE FAIS, VOUS CHERCHEZ À VARIER VOS ATTITUDES DE REPOS

POUR VOTRE ÉDUCATION, JE VAIS MAINTENANT TENTER LA POSITION DE SOMMEIL LA PLUS BIZARRE AU MONDE!

OOOO

77

HÉ, BANDE DE ZOUAVES! VOUS DEVEZ ALLER TRAVAILLER ET PAS MOI!

LE TEMPS PERDU SERAIT PLUS AMUSANT SI J'EN AVAIS MOINS À PERDRE

J'AIME M'ÉTENDRE SUR LE REBORD DE LA FENÊTRE POUR REGARDER LA PLUIE

KA-BOOM!

J'AIME M'ÉTENDRE SOUS LE LIT POUR ÉCOUTER LA PLUIE

CRÈME GLACÉE

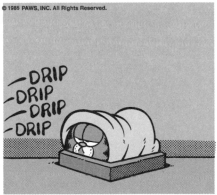

HÉ, GARFIELD! IL VA FAIRE UNE JOURNÉE MAGNIFIQUE! SI ON SORTAIT?

OÙ EST PASSÉ MON MAILLOT DE BAIN?

IL DOIT Y AVOIR DE LA LOTION DE BRONZAGE QUELQUE PART PAR ICI

ET MAINTENANT, DES SANDWICHS POUR LE PIQUE-NIQUE

JOURNÉE IDÉALE, NOUS VOICI!

ZUT! ON L'A RATÉE

MESDAMES ET MESSIEURS, POUR DÉCUPLER VOTRE PLAISIR, J'AI AJOUTÉ DE LA MUSIQUE À MON NUMÉRO

7-22 JIM DAVIS

JE SUIS FIER DE VOUS PRÉSENTER L'HOMME DANS LE VENT QUI A LE RYTHME DANS LE SANG

M. VENTSANG

J'AI CONNU UN CHIEN SI LAID, SES PU...

7-23 JIM DAVIS

TIDDY-BOOM!

SI ON PARLAIT «TIMING»

NON, MAIS SÉRIEUSEMENT, CHERS ADMIRATEURS, COMMENT ME TROUVEZ-VOUS?

SPLAT!

7-24 JIM DAVIS

ET TOI, LA SECTION RYTHMIQUE?

CHAUD, CHAUD, CHAUD, QUELLE CHALEUR TORRIDE

TROP CHAUD POUR BOUGER. TROP CHAUD POUR PENSER. TROP CHAUD POUR TOUT

JIM DAVIS 7-28

RRR

FT

GARFIELD! ODIE!

CESSEZ DE VOUS BATTRE

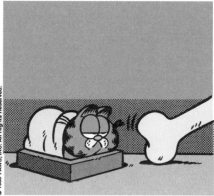